Pasos para a

1. Creer en tu poder Crea
2. Identificar lo que deseas
3. Crear la vibración en la frecuencia de tu deseo
4. Permitir Creación.

3) Crear lo vibración en la frecuencia que tu deseas.
   → 1. Creer en tu poder Creador
   → 2. Identificar lo que deseo
   → 3. Crear la vibración en la frecuencia de tu deseo
   → 4. Permitir la Creación

CÓMO ATRAER EL DINERO

Libro de ejercicios

Lain García Calvo

Nota a los lectores: Esta publicación contiene las opiniones e ideas de su autor. Su intención es ofrecer material útil e informativo sobre el tema tratado. Las estrategias señaladas en este libro pueden no ser apropiadas para todos los individuos y no se garantiza que produzca ningún resultado en particular. Este libro se vende bajo el supuesto de que ni el autor ni el editor, ni la imprenta se dedican a prestar asesoría o servicios profesionales legales, financieros, de contaduría, psicología u otros. El lector deberá consultar a un profesional capacitado antes de adoptar las sugerencias de este libro o sacar conclusiones de él. No se da ninguna garantía respecto a la precisión o integridad de la información o referencias incluidas aquí, y tanto el autor como el editor y la imprenta y todas las partes implicadas en el diseño de portada y distribución, niegan específicamente cualquier responsabilidad por obligaciones, pérdidas o riesgos, personales o de otro tipo, en que se incurra como consecuencia, directa o indirecta, del uso y aplicación de cualquier contenido del libro.

Este libro no podrá ser reproducido, ni total ni parcialmente, sin el previo permiso escrito del autor. Todos los derechos reservados.

© Laín García Calvo

Primera edición: Septiembre de 2016

ANTES DE EMPEZAR:

Recuerda que este libro de ejercicios y el libro de CÓMO ATRAER EL DINERO vienen con un apoyo "online". Lo que significa que vas a tener mis explicaciones "de viva voz" grabadas en videos, que te ayudarán a comprender mejor todo, y también a eliminar cualquier duda.

Dentro de esa plataforma web, tendrás la oportunidad de comentar tus dudas, y las contestaré todas para que tengas más herramientas.

Mi intención es que tú crees más dinero, ¿cual es la tuya?

Si tu intención es crear más dinero, entonces no te saltes esta parte y entra ahora en:

www.comoatraereldineroonline.com

Recuerda siempre:

Hacer las cosas al 50% te lleva a obtener el 0%
Hacer las cosas al 90% te lleva a obtener el 0%
Hacer las cosas al 100% te lleva a obtener el 101%

Si crees que alguno de los ejercicios no es importante, no estarás al 100% y ya puedes anticiparte a lo que recibirás.

Si deseas transformar tu vida de verdad, implícate al 100%.

MODO DE USO DE ESTE LIBRO DE EJERCICIOS

En este manual encontrarás un ejercicio para cada capítulo del libro CÓMO ATRAER EL DINERO. A veces tan sólo deberás apuntar las revelaciones que encuentres, mientras que otras se te pedirá que desarrolles más una temática o crees los materiales para atraer el dinero.

El objetivo es que trabajes este libro durante los siguientes 12 meses, **leyendo el libro 1 vez al mes y realizando todos los ejercicios.**

Puedes encontrar este manual en la página web www.comoatraereldineroonline.com para que una vez cada mes puedas volver a hacer los ejercicios.

Recuerda que LA REPETICIÓN ES LA MADRE DEL APRENDIZAJE.

Mi experiencia me dice que los malos hábitos de las personas harán que no se tomen esto en serio, y que algunos nunca lo harán. Otros lo harán el primer mes y luego lo dejarán.

Muy pocos llegarán a hacerlo durante tres o cuatro meses, quizás seis o siete meses a los sumo leyendo el libro y realizando los ejercicios todos los meses.

Sólo unos pocos "llamados" lo harán los 12 meses, pero por algo son sólo muy pocos los que logran tener abundancia, prosperidad y riqueza económicas ¿verdad? Estos se volverán "elegidos", porque recuerda:

"MUCHOS SON LOS LLAMADOS
Y MUY POCOS LOS ELEGIDOS"

Y hace un tiempo descubrí que todos somos "llamados", pero no te "elige" Dios, el Universo o la Divinidad (ponle el nombre que te haga sentir más cómodo), sino que te "eliges" tú.

Él "llama" a todos y luego tú tienes que postularte a "elegido" mediante tus acciones. Si lo haces, Él te lo devolverá multiplicado al 101%.

HAGAMOS UN PACTO

Cómo Atraer El Dinero es más que un libro. Es una guía completa que te permitirá cambiar la mentalidad con respecto al dinero, la riqueza, la prosperidad y la abundancia.

Si has adquirido este libro de ejercicios, significa que en el momento de comprarlo estabas muy comprometido.

Me explico, muchas personas compran sólo el libro de teoría y creen que harán los ejercicios en una libreta, pero la realidad es que nadie o casi nadie hace los ejercicios. Nuestra mente está programada para la comodidad, así que tal y como te indico en el libro, el 97% de los lectores sólo leerán; se saltarán los ejercicios o los postergarán.

Y lo peor de todo, ¡ellos lo justificarán y creerán que tienen razones reales y justas para postergarlo! Así de poderosa es nuestra mente, nos destruye o nos construye, ¡y todo depende de nosotros!

¡Rompe el patrón!

Postergar significa no hacer, porque esto es lo que sucede: si no lo haces ahora, ya nunca lo harás. Piensa en otros momentos de tu vida en los que postergaste algo y sé sincero, ¿lo hiciste?

Mi promesa es que el Universo funciona con unas leyes y que la única razón por la que a las personas no les funcionan, es porque no actúan en base a ellas. Sólo las leen, pero no las practican.

No te pido que te crear esto, pero sí que lo COMPRUEBES. Dentro de 12 meses, vas a tener una transformación, pero sucederá paulatinamente…

Doce meses puede parecer mucho para una mente poco entrenada, así que ¿por qué no simplificarlo?

Te reto a que lo compruebes durante los primeros 40 días. Observa como el campo de energía cuántico reacciona a tus pensamientos.

Una vez hayas terminado de leer el libro y de hacer los ejercicios; con tu RUTINA DE MANIFESTACIÓN en mano (ya sabrás lo que es más adelante), practícala y observa las sincronicidades, causalidades y coincidencias.

Anótalas todos los días, sigue las instrucciones de este manual y verás que el campo reacciona y se mueve. Es muy divertido y te dará más seguridad para continuar con el proceso.

Date 40 días de prueba...

El promedio actual de longevidad es de unos 26.000 días. Ese es el tiempo que vivirás si eres una persona promedio. ¿No crees que es buena opción coger sólo cuarenta de esos 26.000 días para transformar tu vida?

En La Biblia se mencionan muchas historias de cambio y de transformación, y siempre que Dios quiso preparar a alguien para llevar a cabo sus propósitos, usó 40 días:

-Moises fue transformado después de pasar cuarenta días en el Monte Sinaí.

-La vida de Noe se transformó durante los cuarenta días de lluvia.

-David fue transformado por el desafío de Goliat durante cuarenta días.

-Elías fue transformado cuando Dios le dio fuerzas durante cuarenta días con una sola comida.

-Los espías fueron transformados al pasar cuarenta días en la tierra prometida.

-La ciudad completa de Ninive fue transformada cuando Dios les dio a los ciudadanos cuarenta días para arrepentirse.

-Jesús recibió poder después de pasar cuarenta días en el desierto.

-Los discípulos fueron transformados al estar con Jesús cuarenta días después de su resurrección.

Los próximos cuarenta días transformarán tu vida económica.

Cuando escribí este libro pedí al Universo que apoyara y bendijera a todas las personas que hayan decidido comprarlo y practicarlo.

Me emociona anticipar las cosas extraordinarias que te acontecerán. Mi caso no es especial, sólo es el ejemplo de que es posible, y que si este libro está en tus manos, sin duda para ti también lo es, y así será.

¿Lo crees?

¡REVELACIONES!

Durante la lectura del libro vas a tener REVELACIONES. Una revelación es un instante en el tiempo donde lo imposible se vuelve posible. Ese instante donde obtienes claridad, inspiración, iluminación y dices cosas como:

"Ajá"

"Lo comprendí"

"Ahora lo entiendo"

No te olvides de apuntar en este libro de ejercicios TODAS las revelaciones.

¿Por qué?

Se olvidan.

Si no las escribes estarán en ti unos segundos, unos minutos, pero continuarás leyendo y se olvidarán.

Esas REVELACIONES cambian vidas. Es tu alma hablándote. Es tu intuición guiándote. Son esas corazonadas que te indican el camino. No las deseches. No las pierdas.

¡Apúntalas!

Durante cada capítulo tendrás que apuntar las revelaciones que te han dado la lectura de sus páginas, pero no olvides llevar el libro de CÓMO ATRAER EL DINERO encima, para poder apuntarlas en cualquier momento del día.

Llevar el libro contigo, te recordará constantemente que ese es tu objetivo, atraer el dinero, y hará que "ores sin cesar", más tarde aprenderás sobre esto.

Ahora, mientras lees el libro de CÓMO ATRAER EL DINERO, abre este libro de ejercicios en cada capítulo y sigue las pautas.

**PRIMER PASO PARA ATRAER
EL DINERO:**

**CREER EN TU PODER
CREADOR**

LA PRINCIPAL DIFERENCIA ENTRE UN MILLONARIO Y EL QUE NO LO ES.

Escribe tus REVELACIONES al leer este capítulo:

*Punto de Quiebre — momento en el q todo cambia en vida de una persona. Espiritualidad * i desición verdadera ir a la dirección correcta.*

La diferencia es especial es su manera / pensar acerca / dinero y de todo lo relacionado c̄ el. Punto en el q. todo cambia Pensar como Millonario. Si quieres ser Millonario Estudia a los Millonarios Piensa como ellos, Consigue i Mentor
Si deseas ser rico y próspero, debes encontrar aquello q. amas y debes hacer / proceso / estudio serio y planificado.

¿Qué harías con TU PRIMER MILLÓN?

Las cosas primero y antes de que sucedan, hay que soñarlas:

Comprar una Casa, una guagua nueva, una guagua a mi esposo hacer un ahorro, invertir algo de dinero irme de vacaciones a visitar a mis hermanos y sobrinos y visitar la familia de mi esposo Ayudar a mis hijos Comprar todo lo de mi Casa nuevo.

El Universo es mental, al hacerlo, empezarás a crear la conciencia de abundancia en tu interior.

ACLARACIÓN ANTES DE EMPEZAR

Escribe tus REVELACIONES al leer este capítulo:

No trato de Convencer a nadie – Empiezo a Convencer a mi mente.
Soy 100% responsable de mi vida – Tomo el Control 100%
La falta de $ no es un problema, solo es el síntoma, q: nos indica q: hay algo en nuestro interior que debemos Cambiar

> **La primera regla** para ATRAER EL DINERO es:
> **DEJA DE CONVENCER A LA GENTE**
> **Y EMPIEZA A CONVENCER A TU MENTE.**

¿DE QUÉ FUENTE BEBERÁS?

Escribe tus REVELACIONES al leer este capítulo:

abundancia y riqueza. De los voces adecuados y Correctos
La gente de mucho éxito cree en estos principios y leyes y los practica

> Estos son los datos:
> La gente de mucho éxito cree en estos principios y leyes y las practica. El resto de personas las critica y no las practica.

¿CÓMO USAR ESTE LIBRO?

Escribe tus REVELACIONES al leer este capítulo:

Método Científico funciona por acierto - error y está todo documentado. No te creas nada, Compruebalo!

Describe tu situación actual.
¿Cómo te encuentras ahora mismo con tu dinero? *Trabajo y lucho por tenerlo*
Describe lo siguiente:

¿Qué piensas del dinero?

Es fácil de obtener es el Centro de todo es necesario para todo

¿Qué sientes al hablar de dinero o tener contacto con él o cualquier cosa relacionada con él?

Seguridad me siento tranquila y en abundancia

¿Cuanto dinero tienes actualmente en el banco o ahorrados?

$2,201.16

¿Cuales son tus ingresos actuales anuales?

$32,000 Aprox

¿Las personas que te rodean cómo están económicamente?

- Mal

✓ Sobreviven

- Bien

- Muy bien

-Son Millonarios

Compromete a 3 personas de tu entorno a que hagan lo mismo (leer el libro, estudiarlo, etc.) Haz que tengan su propio libro, el tuyo lo vas a necesitar para hacer los ejercicios y estudiarlo.

¿Puedes pensar en alguien ahora?

Escribe su nombre:

1- *Peter Lopez*

2- _____

3- _____

Comunícate con ellas ahora y muéstrales como conseguir el libro.

¿Ya lo hiciste?

SÍ

No

Marca una "X" al lado de el "sí" o el "no". Lo más importante es que tomes conciencia de que cada vez que la vida te coloca en un punto en que debes decidir, un SÍ o un NO pueden marcar la diferencia para siempre.

Con el tiempo nos preguntamos "por qué no sucede lo que quiero", y si puedes volver atrás a ese punto en que decides, te darás cuenta que marcaste un "No" cuando tenías que marcar un "Sí".

Piensa en esto, ¿en qué situaciones de tu vida no hiciste lo que debías y luego te preguntaste "¿y si lo hubiera hecho?". Describe algunas situaciones en las que eso sucedió:

Cuando mi papá tomaba decisiones x mí → 1985 debí poner un alto

Irme de la vida de mis padres (Independizarme)

(Tal vez hubiera sido diferente?)

Si por algún motivo tienes dudas a la hora de la lectura o de aplicar los ejercicios, por favor no dudes en contratar tu sesión privada conmigo en la web:

www.lainsesionprivada.com

- Dentro de un año, vuelve a esta página y vuelve a describir tu situación económica:

Aprende esto:

LAS MASAS HISTÓRICAMENTE SE EQUIVOCAN. CUANDO TODO EL MUNDO HAGA ZIG, TÚ HAZ ZAG Y TE IRÁ BIEN.

UNA PROMESA SOLEMNE

Escribe tus REVELACIONES al leer este capítulo:

Atraer el $ no consiste en sentarse y visualizar. Tienes q. dar en la medida q. esperas recibir

NO EXISTE NADA A CAMBIO DE NADA

UN CONSEJO MÁS

Escribe tus REVELACIONES al leer este capítulo:

Tu vibración determina Manifestación y si lo dava no lo tienes es x esto? 3 problems.
No es Frecuencia adecuad
No tiene Intensidad adecuad - Esta demasiado alejado Receptor.
→ Tú tienes el poder/cambiar eso y debido i lo haces)

¡VOY A CREAR ABUNDANCIA PARA TODO EL MUNDO!

Escribe tus REVELACIONES al leer este capítulo:

No voy a dejar esto a medias No voy a detenerme Hasta Lograr lo q deseo

> No necesitas fuerza de voluntad para hacer acciones sorprendentes, deja que el Universo te vaya guiando, pero sí necesitas tu fuerza de voluntad para hacer algo:
>
> **CONTROLAR Y DIRIGIR TUS PENSAMIENTOS**

CON ESTE MÉTODO PUEDES ATRAER CUALQUIER COSA

Escribe tus REVELACIONES al leer este capítulo:

_____
_____
_____
_____
_____

ENCIENDE TU CHISPA CREADORA

Escribe tus REVELACIONES al leer este capítulo:

_____
_____
_____
_____
_____

TU LISTA DE LOS 101 DESEOS

- $500,000
- Casa
- Guagua nueva
- Ser Billonaria
- Rebajar 40 libras
- Vender 1 Casa mensual
- 1 millón mensual Tener 7 closing mensual Bienes raíces
- Vender 6,000 mensual scentsy
- Personales 5 líderes activos en scentsy
- Ser #1 Ventas Bienes raíces
- Ser #1 ventas scentsy
- Ser prosper
- Tener Buena Salud
- Mis hijos tengan Buena Salud
- Casa de Playa de vacaciones
- Ser dueña de Van a prop. Alquiler
- Ser famosa en los negocios
- Clientes / Bienes raíces Latinos
- Trust investing mede $30,000 Mensual
- Trust Invest Team Leader

24

- - - -
- - - -
- - - -
- - - -
- - - -
- - - -

y la 101 es: _____

NO CREO EN EL PENSAMIENTO POSITIVO

Escribe tus REVELACIONES al leer este capítulo:

_____
_____
_____
_____
_____
_____

Aprende esto:

Entre tú y lo que deseas existe un precio. Cuando visualizas y afirmas, creas una base en el subconsciente para que el Universo haga su parte, pero tú también tienes que hacer la tuya. Tienes dos pies, dos manos, un cerebro y un corazón que mueve la sangre para oxigenar y nutrir tus músculos para que, cuando llegue la inspiración, las ideas o las oportunidades, te muevas hacia ellas sin excusas.

RAZONES PARA TENER MÁS DINERO

Escribe tus REVELACIONES al leer este capítulo:

_____
_____
_____
_____
_____

> Es tu obligación moral obtener tu mejor vida ahora, y tienes la responsabilidad de dejarles a tus hijos y descendientes, no sólo los mejores consejos y habilidades, sino también el mejor ADN posible que les ayudará a ver oportunidades dónde otros sólo ven problemas, ¡y saber aprovecharlas!

RAZONES PARA SER POBRE

Escribe tus REVELACIONES al leer este capítulo:

_____
_____
_____
_____
_____

TEORÍA SIMPLIFICADA

Escribe tus REVELACIONES al leer este capítulo:

_____

_____
_____
_____
_____

> **El principio del MENTALISMO nos dice que tus pensamientos dominantes se manifiestan en el exterior y la ley de la ATRACCIÓN nos dice que lo semejante atrae lo semejante.**

Los dos primeros ejercicios que vamos a hacer:

PRIMERO: ¿Dónde está la gente más rica y próspera de tu ciudad? Vas a ir al hotel, al restaurante donde vayan las personas más ricas de tu ciudad, y vas a tomarte un café allí, dónde leerás este libro mientras disfrutas del ambiente.

Cuidado, vas a sentirte incómodo. Pero poco a poco te irás acostumbrando a esa frecuencia. Y te acercarás a la frecuencia del dinero.

COMPLETADO:

SÍ

NO

Marca una "X" al lado del sí o del no, y toma conciencia de si rompiste tu patrón o continuas con él.

SEGUNDO: Si nunca haces ejercicio, es el momento de empezar. Energías bajas, frecuencias bajas, resultados bajos. ¡ELEVA TU ENERGÍA! Empieza caminando a ritmo alto media hora cada día. Obligatorio. No lo dejes.

COMPLETADO:

SÍ

NO

Marca una "X" al lado del sí o del no, y toma conciencia de si rompiste tu patrón o continuas con él.

¿YA TIENES AGENDA?

SÍ

NO

Si tu respuesta es no, anota que día irás a comprarla, a qué hora y donde:

DÍA _____

HORA _____

LUGAR _____

¿POR QUÉ ENTONCES LA LEY DE ATRACCIÓN Y EL PRINCIPIO DE MENTALISMO NO HA FUNCIONADO TODAVÍA PARA MÍ?

Escribe tus REVELACIONES al leer este capítulo:

_____
_____
_____
_____
_____

> **GRÁBATE ESTO EN LA MENTE:**
> No estás destinado a sufrir por la falta de dinero, ¡estás destinado a tenerlo y en grandes cantidades! ¡Estás destinado a disfrutar de la abundancia y bendecir a otros con ella! Esa es la verdad, el resto es una distorsión mental que creaste.

¿POR QUÉ ES IMPORTANTE ADQUIRIR RIQUEZA?

Escribe tus REVELACIONES al leer este capítulo:

_____
_____
_____
_____
_____
_____

Y esta es otra de las leyes de ATRAER EL DINERO que debes memorizar e implementar:

EL UNIVERSO FUNCIONA POR LA LEY DINÁMICA DE DAR Y RECIBIR. SI QUIERES MÁS CENTRATE EN DAR MÁS.

SACÚDETE LA CULPA

Escribe tus REVELACIONES al leer este capítulo:

_____
_____
_____
_____
_____
_____

> ¡Rompí la maldición pasada! ¡Rompí el patrón de mis padres! y lo más importante, ¡les ayudé a prosperar! Cuando tú prosperas, tu entorno prospera contigo. Pero no podrás convencerles con palabras, sino con tu ejemplo.

VOY A PEDIRTE ALGO

Escribe tus REVELACIONES al leer este capítulo:

_____

_____

_____

_____

_____

_____

¿Arrancaste la página?

SÍ

NO

Escribe una "X" al lado de la respuesta correcta, y si no lo hiciste, toma conciencia del patrón que te lo impide, porque es el mismo que te impedirá prosperar y enriquecerte. Como haces una cosa las haces todas.

NO ES UN MUNDO, ¡SON DOS!

Escribe tus REVELACIONES al leer este capitulo:

_____

_____

_____

_____

_____

_____

> **GRABA ESTO EN TU MENTE:**
>
> **TU VIDA ES EL RESULTADO DE LO QUE TÚ CREES QUE ES TU VIDA.**
>
> **TU NIVEL ECONÓMICO LO DETERMINAN TUS CREENCIAS, NO TU PASADO, O TUS CIRCUNSTANCIAS.**
>
> **TUS CIRCUNSTANCIAS FUERON CREADAS POR TU MENTE.**
>
> **SI CAMBIAS TU MENTE, CAMBIARÁS TUS CIRCUNSTANCIAS. SI NO LO HACES, SEGUIRÁS BUSCANDO CULPABLES, Y TU VIDA CONTINUARÁ IGUAL.**

EL PRINCIPAL PROBLEMA PARA ATRAER DINERO

Escribe tus REVELACIONES al leer este capítulo:

_____
_____
_____
_____
_____
_____

> Si realmente deseas crear riqueza y abundancia económica, no te servirá aprender más marketing, más negocios, más sistemas probados. Todo eso son herramientas que funcionan sólo a aquellas personas que están condicionadas para obtener riqueza. Pero mientras tu verdadera imagen al otro lado sea la de pobreza, nada podrá impedirte que reflejes eso en tu realidad física o material.

RESUMIENDO...

Escribe todo lo que hayas aprendido hasta ahora:

_____
_____
_____
_____
_____
_____
_____
_____
_____
_____
_____

Para poder avanzar es importante integrar cada paso en tu interior. Debemos crear raíces sólidas que nos permitan crecer hacia arriba, hasta tocar las estrellas.

NO LOGRAR MÁS DINERO ES MUY DESTRUCTIVO

Escribe tus REVELACIONES al leer este capítulo:

_____
_____
_____
_____
_____
_____

Describe de qué manera has sufrido en el pasado por la falta de dinero. Hazlo emotivo y real, ponte en la piel del momento. Describe momentos en que lloraste, te sentiste impotente, en que no podías más...

_____
_____
_____
_____
_____

Ahora, describe todo el sufrimiento que tuvo que pasar tu familia en el pasado por la falta de dinero. Recuerda momentos de tus padres, abuelos, etc. Describe momentos específicos y hazlos reales, con emoción, descríbelo con detalle.

_____
_____
_____
_____
_____

Describe qué se van a perder tus hijos, si los tienes o esperas tenerlos, o todas las personas con las que entrarás en contacto, debido a tu falta de recursos económicos o a no vivir la vida al potencial que puedes y te mereces. Describe todo lo que se perderán tus seres queridos porque tú no cambiaste esas creencias y no obtuviste más dinero:

_____
_____
_____
_____
_____

Ahora, describe todo, absolutamente todo lo que vas a perder en tu vida, si no comienzas a tener más dinero ahora y sigues con esa presión y esos problemas financieros durante el resto de tu vida. ¿Qué coste va a tener para ti? ¿Qué te vas a perder? ¿De qué manera afectará a tus relaciones, a tu salud y a todo lo que te rodea?

_____
_____
_____
_____
_____

TENER MÁS DINERO ES MUY POSITIVO

Escribe tus REVELACIONES al leer este capítulo:

_____
_____
_____
_____
_____

Escribe 50 razones por las que quieres tener más dinero:

-                  -

-                  -

-                  -

-                  -

-                  -

Cómo Atraer el Dinero - Ejercicios

- -
- -
- -
- -
- -
- -
- -
- -
- -
- -
- -
- -
- -
- -
- -
- -
- -
- -
- -

Ahora, escribe 20 razones por las cuales la vida de las personas de tu alrededor mejorará, por el hecho de que tú tengas más dinero:

- -
- -
- -
- -
- -
- -
- -
- -
- -
- -

Ahora, escribe 10 contribuciones que harás cuando tengas más dinero:

- -
- -
- -
- -
- -

Ahora, escribe 5 razones por las cuales honrarás a tus padres y a tus ancestros, por el hecho de obtener más riqueza en tu vida:

-

-

-

-

-

Ahora, escribe 5 razones por las que mejorarás la vida de tus hijos (en el caso de que los tengas o esperes tenerlos) o de las personas con las que entrarás en contacto de generaciones posteriores a las tuyas:

-

-

-

-

-

DESCUBRE TU "CABALLO DE TROYA"

Escribe tus REVELACIONES al leer este capítulo:

_____
_____
_____
_____
_____
_____

Como te conté en la trilogía de LA VOZ DE TU ALMA, las creencias se crean por 4 vías:

- GENÉTICA
- AUDITIVO
- VISUAL
- ACONTECIMIENTOS ESPECÍFICOS

Vayamos a trabajarlas una a una.

GENÉTICA:

¿Cómo estaban tus padres económicamente antes de que tú nacieras?

_____
_____
_____
_____
_____

¿Y tus abuelos? ¿Era el dinero una fuente de abundancia para ellos? Describe su situación actual y pasada:

_____
_____
_____
_____
_____

Esa es la genética que tenías cuando te engendraron. Esas situaciones eran producto de sus creencias, que trataban de protegerles, garantizar su supervivencia, aunque precisamente les estaban haciendo estar en estado de supervivencia.

AUDITIVO:

¿Qué escuchabas de tu padre y de tu madre cuando eras pequeño con respecto al dinero?

El dinero es... ¿Qué decían?

_____
_____
_____
_____
_____

VISUAL:

¿Qué veías de tus padres con respecto al dinero? ¿Qué tipo de comportamiento tenían? ¿Eran ahorradores o gastadores? Los viste sufrir alguna vez por la falta de dinero?

Escribe lo que viste:

_____
_____
_____
_____
_____

ACONTECIMIENTOS ESPECÍFICOS:

¿Qué situaciones personales has tenido con respecto al dinero en tu vida que te hayan provocado dolor? (Recuerda que nos alejamos del dolor y nos acercamos al placer, esté o no justificado).

¿Qué conflictos has tenido en el pasado con el dinero? (Despidos del trabajo, problemas para llegar a final de mes, hipotecas que no podías pagar, limitaciones a la hora de hacer cosas que querías y no podías, etc. Incluye todo lo que puedas).

Descríbelo:

_____
_____
_____
_____
_____

> Lo primordial para poder dar un cambio es decirnos la verdad. Estamos sumergidos en el trance hipnótico de nuestras creencias, dormidos dentro de una realidad que nos controla y la única forma de cambiar las cosas es despertar del trance y convertirlo en un sueño lúcido.

Vamos a reconstruir todo esto...

¿Por qué crees que el dinero es bueno?

Escríbelo y no te mientas, busca lo real...

_____
_____
_____
_____
_____

¡Muy bien hecho!

Ahora, ¿por qué crees que el dinero ayuda a las personas?

_____
_____
_____
_____

¡Fenomenal!

Y de nuevo, ¿por qué crees que el dinero es una herramienta que te permite ser más libre, hacer lo que quieras, cuando quieras, con quien quieras y todas las veces que quieras?

_____
_____
_____
_____
_____

Y por último, ¿por qué crees que con dinero puedes contribuir a mejorar la vida de los demás y ayudarles a cumplir sus sueños?

_____
_____
_____
_____
_____

Ahora, para terminar, vamos a utilizar los mecanismos de tu mente...

¿Cómo te hace sentir cuando crees todo lo que te heredaron tus padres, lo que te dijeron, lo que viste en ellos y las experiencias que viviste que te hicieron tener creencias negativas con respecto al dinero?

_____
_____
_____
_____
_____

¿Qué maldiciones experimentaste debido a ello?

_____
_____
_____
_____

Y para acabar, ¿cómo te hace sentir que el dinero es bueno, que te da libertad, que te ayuda a ayudar a los demás y que te permite cumplir sueños?

_____
_____
_____
_____

¿Qué grandes bendiciones podrían llegar a tu vida si decidieras creer todas esas cosas positivas con respecto al dinero, que en lugar de estar programadas por el pasado, tú has elegido de manera consciente?

_____

_____
_____
_____
_____

¡Muy buen trabajo!

> Cuando cambias tus creencias negativas no traicionas a tus padres, les bendices. Porque tú has venido a ser tu mejor versión, y si logras que tu vida sea abundante, abrirás puertas de bendición a todo aquél que esté a tu lado.

**SEGUNDO PASO PARA ATRAER
EL DINERO:**

IDENTIFICAR LO QUE DESEAS

PROCESO DE CREACIÓN:
VISIÓN, REACONDICIONAMIENTO Y ACCIÓN.

Escribe tus REVELACIONES al leer este capítulo:

___
___
___
___
___

> Ésta es la Fe en la que yo creo, y en la que Jesús nos instaba a creer. No es la Fe de "si mañana me toca la lotería...", es la Fe de "yo voy a crear una fortuna, porque yo soy el responsable de mi vida y de mis resultados".

EL PROCESO DE RE-ACONDICIONAMIENTO NEURONAL PARA ATRAER EL DINERO

Escribe tus REVELACIONES al leer este capítulo:

___
___
___
___
___

¿Estás dispuesto a pagar el precio?:
SÍ, Laín. Lo Estoy.

No, Laín. Es demasiado para mí.

Si has dicho sí, ¡ENHORABUENA! Esto va a transformar tu vida para siempre.

Recuerda siempre, siempre, siempre esto:

EL GRAN SECRETO DEL ÉXITO EN LA VIDA, ES LA CAPACIDAD DE PODER CONTROLAR NUESTROS PROPIOS PENSAMIENTOS

PROCESO DE CREACIÓN DE LA VISIÓN

Escribe tus REVELACIONES al leer este capítulo:

_____
_____
_____
_____
_____

<u>**ROMPE EL PATRÓN Y OBTENDRÁS LA BENDICIÓN**</u>

LA CIENCIA DE CREAR LA REALIDAD CON TU MENTE

Escribe tus REVELACIONES al leer este capítulo:

_____
_____
_____
_____
_____

Escribe las 5 personas con las que pasas más tiempo en tu día a día (pueden ser tu jefe, tu familia, tus amigos, etc.):

-

-

-

-

-

Muy bien, ahora, escribe cuanto dinero ganan ellos de media al mes:

-

-

-

-

-

¿Sabías que las estadísticas dicen que las personas ganan un 10% arriba un 10% abajo, lo mismo que las personas con las que pasas más tiempo?

Vamos a crear tu grupo de co-creadores.

Para ello, elige a 3 personas con las que vayas a formar esas reuniones. Piensa en alguien en quien confíes, que esté en la misma sintonía y que quiera crear abundancia económica. (Evita a aquellos que tengan conflictos con el dinero o crean que es algo negativo).

Piensa en esas tres personas y escribe su nombre a continuación:

-

-

-

¡Muy bien! Ahora, toma acción. Llámales, escríbeles un whatsapp y propónles formar parte del grupo y explícales que la intención es crear abundancia, que estás leyendo este libro y que quieres crear a un equipo de gente que quiera prosperar.

Hazlo ya.

¿Lo hiciste?

SÍ

NO

Apunta una "X" al lado del sí o del no para tomar conciencia del patrón que estás utilizando y se consciente de sus consecuencias.

Si realmente quieres lograrlo, ROMPE AHORA TU PATRÓN.

IDENTIFICANDO LO QUE VERDADERAMENTE DESEAS

Escribe tus REVELACIONES al leer este capítulo:

_____
_____
_____
_____
_____

> ¿Entonces, cómo solucionar la pobreza? Creando abundancia, enfocándote en la abundancia y teniendo abundancia para que las personas de tu alrededor en lugar de ver tu escasez, vean tu abundancia, se enfoquen en tu abundancia, y creen ellos también abundancia, porque aquello en lo que te enfocas se expande.

LA TÉCNICA DE LA RE-POLARIZACIÓN:

Escribe ahora la lista de 30 a 50 cosas que no quieres más en tu vida:

-
-
-
-
-
-
-
-
-
-
-
-
-
-
-
-
-
-
-
-
-
-
-
-
-
-
-
-
-
-
-
-
-
-
-
-
-
-
-

-                                  -

-                                  -

-                                  -

-                                  -

-                                  -

-                                  -

-                                  -

Haz la lista de las 30 a 50 cosas que sean el contrario de la lista anterior tal y como te enseñé en la técnica de la re-polarización. Coge la primera y preguntarte a ti mismo: ¿Si no quiero esto, entonces qué es lo contrario, lo que sí quiero?

Haz ahora tu lista:

LO QUE NO QUIERO   LO QUE SÍ QUIERO

-                                  -

-                                  -

-                                  -

-                                  -

-                                  -

-                                  -

-                                  -

-                                  -

Cómo Atraer el Dinero - Ejercicios

- -
- -
- -
- -
- -
- -
- -
- -
- -
- -
- -
- -
- -
- -
- -
- -
- -
- -
- -

-
-
-
-
-
-
-
-
-
-
-
-
-
-
-
-
-
-
-

-
-
-
-
-
-
-
-
-
-
-
-
-
-
-
-
-
-
-
-

-                          -

-                          -

Muy bien, elige ahora 4 áreas más de tu vida:

1- _____

2- _____

3- _____

4- _____

Y ahora, haz la técnica de la re-polarización para al menos 30 o 50 cosas para cada una de esas áreas.

LO QUE NO QUIERO	LO QUE SÍ QUIERO
-	-
-	-
-	-
-	-
-	-
-	-
-	-
-	-
-	-
-	-

-                                  -

-                                  -

-                                  -

-                                  -

-                                  -

-                                  -

-                                  -

-                                  -

-                                  -

-                                  -

-                                  -

-                                  -

-                                  -

-                                  -

-                                  -

-                                  -

-                                  -

-                                  -

-                                  -

- -
- -
- -
- -
- -
- -
- -
- -
- -
- -
- -
- -
- -
- -
- -
- -
- -
- -
- -

LO QUE NO QUIERO	LO QUE SÍ QUIERO
-	-
-	-
-	-
-	-
-	-
-	-
-	-
-	-
-	-
-	-
-	-
-	-
-	-
-	-
-	-
-	-
-	-

Cómo Atraer el Dinero - Ejercicios

- -
- -
- -
- -
- -
- -
- -
- -
- -
- -
- -
- -
- -
- -
- -
- -
- -
- -
- -
- -

- -
- -
- -
- -
- -
- -
- -
- -
- -
- -
- -

LO QUE NO QUIERO   LO QUE SÍ QUIERO

- -
- -
- -
- -
- -
- -
- -

Cómo Atraer el Dinero - Ejercicios

- -
- -
- -
- -
- -
- -
- -
- -
- -
- -
- -
- -
- -
- -
- -
- -
- -
- -
- -

- -
- -
- -
- -
- -
- -
- -
- -
- -
- -
- -
- -
- -
- -
- -
- -
- -
- -
- -

- -

- -

- -

LO QUE NO QUIERO   LO QUE SÍ QUIERO

-            -

-            -

-            -

-            -

-            -

-            -

-            -

-            -

-            -

-            -

-            -

-            -

-            -

-            -

-            -

-
-
-
-
-
-
-
-
-
-
-
-
-
-
-
-
-
-
-

-
-
-
-
-
-
-
-
-
-
-
-
-
-
-
-
-
-
-

- -
- -
- -
- -
- -
- -
- -
- -
- -
- -
- -
- -
- -
- -

Escribe ahora tus 5 declaraciones poderosas con respecto al dinero:

-

-

-

-

-

Ahora las 5 declaraciones poderosas de la siguiente área:

-

-

-

-

-

Ahora las 5 declaraciones poderosas de la siguiente área:

-

-

-

-

-

Ahora las 5 declaraciones poderosas de la siguiente área:

-

-

-

-

-

Ahora las 5 declaraciones poderosas de la siguiente área:

-

-

-

-

-

¡Esto estuvo fenomenal!

Ahora, quiero regalarte algunas declaraciones más con respecto al dinero, la abundancia y la prosperidad económica:

- Todos los días y en toda forma, prospero más y más.

- Soy un imán de oportunidades para triunfar.

- Un gran cantidad de dinero fluye hacia mí por todas partes y en toda forma.

- El dinero fluye hacia mí en manantiales de infinita abundancia.

- ¡Soy un imán para el dinero!

- Siempre estoy encontrando dinero.

- Atraigo dinero allá donde voy.

- Soy feliz, tengo salud y soy rico.

- Me encanta mi vida.

- Tengo todo lo que necesito y más.

- Me merezco tener montones de dinero.

- El dinero llega hacia mí, se queda y se multiplica de forma ilimitada.

- Me encanta el dinero y todo lo que me permite hacer.

- Respeto al dinero y el dinero me respeta a mí.

- Hago dinero con facilidad.

- Ofrezco un valor inmenso a mis clientes o a las personas para las que trabajo.

- Me hace feliz recibir todo lo que valgo.

(Puedes encontrar más afirmaciones al final de este libro)

Muy bien, ahora, elige de estas afirmaciones aquellas con las que te sientes más cómodo:

-

-

-

-

-

¡Genial! Ahora, si lo has hecho todo, deberías tener 5 declaraciones poderosas para cada una de las áreas de tu vida y 5 declaraciones más extras con respecto al área del dinero, ¿es así?

¡Eso estuvo fenomenal!

Describe en unas cinco o seis líneas cómo sería la sensación para ti de una vida abundante y prospera. ¿Qué harías y cómo te sentirías si ya fueras abundante y próspero en la medida que tú deseas?

Descríbelo:

_____
_____
_____
_____
_____

Muy bien, esto va a ser tu **DECLARACIÓN DE ABUNDANCIA**.

¿Sabías que el 97% de las personas que lean este libro se saltarán estos ejercicios en su primera lectura?

TERCER PASO PARA ATRAER EL DINERO:

CREAR LA VIBRACIÓN EN LA FRECUENCIA DE TU DESEO

LAS 8 HERRAMIENTAS DE CÓMO ATRAER EL DINERO

Escribe tus REVELACIONES al leer este capítulo:

_____
_____
_____
_____
_____

PRIMERA HERRAMIENTA: DECLARACIONES

1) Tenemos que re-expresar las afirmaciones para que sean ciertas.

Para ello, comenzaremos las afirmaciones con **expresiones tales como**:

- Estoy en proceso de…
- Aprecio la seguridad de…
- Me encanta…
- Voy camino a…
- Mi situación … ideal…

Otra forma de hacerlo, **CONVIRTIÉNDOLAS EN PREGUNTAS**.

Otra forma es con el **MERECIMIENTO**.

Elige la que más te guste y pon una "X" al lado:

EXPRESIONES

PREGUNTAS

MERECIMIENTO

Ahora, escribe de nuevo tus 5 declaraciones poderosas con respecto al dinero y re-escríbelas de esa otra forma:

-
-
-
-
-

Ahora las 5 declaraciones poderosas de la siguiente área y re-escríbelas de esa otra forma:

-
-
-
-
-

Ahora las 5 declaraciones poderosas de la siguiente área y re-escríbelas de esa otra forma:

-
-
-
-
-

Ahora las 5 declaraciones poderosas de la siguiente área y re-escríbelas de esa otra forma:

-

-

-

-

-

Ahora las 5 declaraciones poderosas de la siguiente área y re-escríbelas de esa otra forma:

-

-

-

-

-

2) Creas tu **DECLARACIÓN DE MANIFESTACIÓN** con tus nuevas afirmaciones.

Tu Declaración de Manifestación tiene 3 partes:

1- Apertura:

Estoy en proceso de atraer todo lo que necesito hacer, saber o tener para lograr mi estado deseado.

Esta entrada es importante porque te recuerda que esto es un proceso. No es algo que suceda de la noche a la mañana sino que sucederá paulatinamente hasta que de pronto lo veas manifestado. Al ser un proceso, te quitará toda la presión de que sea ya, e impedirá que te sientas mal (Recuerda que lo importante es la vibración que estás emitiendo).

2- Cuerpo:

Aquí van tus afirmaciones hechas emocionales y re-escritas correctamente de forma integral para que engloben todas las áreas de tu vida.

3- Cierre:

El principio del Mentalismo y la Ley de la Atracción están revelando y orquestando todo lo que necesito que ocurra, creando todas las coincidencias y sincronicidades para ver mis Deseos Manifestados.

Escribe ahora tu **DECLARACIÓN DE MANIFESTACIÓN**:

Estoy en proceso de atraer todo lo que necesito hacer, saber o tener para lograr mi estado deseado.

_____
_____
_____
_____
_____
_____
_____
_____
_____
_____

El principio del Mentalismo y la Ley de la Atracción están revelando y orquestando todo lo que necesito que ocurra, creando todas las coincidencias y sincronicidades para ver mis Deseos Manifestados.

¿POR QUÉ NO HACER UNA DECLARACIÓN MÁS CONCRETA?

Escribe tus REVELACIONES al leer este capítulo:

SEGUNDA HERRAMIENTA: PANEL VISIONARIO

¿Lo creaste?

SÍ

NO

Haz una "X" al lado de la respuesta correcta.

Recuerda que si tienes dificultades puedes contratar una sesión conmigo para que te ayude en el proceso.

TERCERA HERRAMIENTA: VIDEO Y AUDIO DE MANIFESTACIÓN.

¿Lo creaste?

SÍ

NO

Haz una "X" al lado de la respuesta correcta.

Para descargarte el sonido ALPHA entra en www.atraerdineroonline.com

CUARTA HERRAMIENTA: LA PRESUNCIÓN DEL DESEO CONCEDIDO.

¿Recuerdas tu **DECLARACIÓN DE ABUNDANCIA** que creamos en las páginas anteriores? Aquella en la que describías un momento en que eras y te sentías abundante.

Para esta herramienta fue creada. Ahora, pensando en ese momento en el que ya lo has logrado, tu deseo ya está aquí, te haces las siguientes 3 preguntas:

1- ¿Cómo me sentí cuando vi mi deseo realizado?

2- ¿A quién fue el primero que el comuniqué la noticia y cómo lo hice?

3- ¿Cuál fue la primera gran cosa que hice cuando logré mi deseo?

QUINTA HERRAMIENTA: MEDITACIÓN CÓMO ATRAER EL DINERO

No pases de capítulo sin detenerte y hacer esta meditación.

Puedes encontrarla en la web www.atraerdineroonline.com

SEXTA HERRAMIENTA: EL ANCLAJE DE LA ESENCIA

Recuerda que puedes utilizar el ANCLAJE de la esencia, específicamente diseñada para este ejercicio:

SÉPTIMA HERRAMIENTA: PINTURA Y NARRACIÓN DE ATRACCIÓN

Elige una de estas dos opciones y con tu DECLARACIÓN DE ABUNDANCIA, crea una narración o una pintura que la represente.

Mientras lo haces, trata de conectar con esos sentimientos de tu deseo ya concedido, recuerda que atraemos por vibración.

PINTURA:

NARACIÓN:

OCTAVA HERRAMIENTA: ACCIÓN MASIVA

> **Deja que el Universo busque la vía más fácil y más rápida para ti. Tu objetivo es LA VIBRACIÓN DE LA ABUNDANCIA. El resto, lo creas o no, viene por añadidura.**

Crea tu lista de ACCIONES MASIVAS:

1-

2-

3-

4-

5-

6-

7-

8-

9-

10-

Ordena ahora esa lista por orden de importancia y de urgencia, de tal forma que en la número 1 tendrás la más importante y la más urgente para poder lograr tu deseo:

1-

2-

3-

4-

5-

6-

7-

8-

9-

10-

Ahora, pon fecha. Escribe al lado de la lista anterior el día que te comprometes a hacerlo, y si es algo que tienes que hacer diariamente, entonces pon una hora al día en que lo harás, con el fin de crear el hábito.

¿QUÉ NUEVA HERRAMIENTA SE TE OCURRE?

¿Cuál más se te ocurre que podría ayudarte a generar la sensación de abundancia ahora?

Escríbela:

_____
_____
_____
_____
_____

Por favor, si crees que tu idea es original y puede ayudar a otras personas, ¿me la envías por correo a laingarciacalvo@gmail.com?

CUARTO PASO PARA ATRAER EL DINERO:

PERMITIR LA CREACIÓN

> Si tienes dudas, tus resultados serán dudosos.

PERMITIR LA CREACIÓN es un proceso de 3 PARTES:

- DESTRUIR CREENCIAS LIMITANTES
- RECONOCER Y CELEBRAR LAS EVIDENCIAS
- TOMAR ACCIONES MASIVAS DIARIAS

PARTE UNO: DESTRUIR LAS CREENCIAS LIMITANTES

Para poder eliminar cada uno de los palitos que representan una duda o resistencia, es decir, tus creencias limitantes con respecto a la posibilidad de manifestar esa realidad que deseas, utilizaremos dos herramientas:

- CUESTIONARLAS

- TAPPEARLAS

> La velocidad en que la ley de la atracción y el principio del mentalismo manifiestan tu deseo es proporcional a lo mucho o poco que tú te lo permitas.

Coge cada una de tus 5 DECLARACIONES PODEROSAS que hiciste en los apartados anteriores para cada una de las ÁREAS de tu vida, incluidas aquellas que te sugerí del dinero, y también coge el CUERPO de tu DECLARACIÓN DE MANIFESTACIÓN.

Escríbelas de nuevo:

5 DECLARACIONES PODEROSAS DEL ÁREA DEL DINERO:

1-

2-

3-

4-

5-

5 DECLARACIONES PODEROSAS "EXTRAS QUE TE REGALÉ" DEL ÁREA DEL DINERO:

1-

2-

3-

4-

5-

5 DECLARACIONES PODEROSAS DEL ÁREA DE _____:

1-

2-

3-

4-

5-

5 DECLARACIONES PODEROSAS DEL ÁREA DE _____:

1-

2-

3-

4-

5-

5 DECLARACIONES PODEROSAS DEL ÁREA DE _____:

1-

2-

3-

4-

5-

5 DECLARACIONES PODEROSAS DEL ÁREA DE _____:

1-

2-

3-

4-

5-

¿Las tienes?

Ahora, leerlas y mira cómo te sientes. ¿Hay alguna en la que sientas dudas?

Observa cada una de las declaraciones y si manifiestas dudas, escribe de nueva la declaración y la acompañas de un "pero" al final y seguido describes la duda que tengas.

Por ejemplo, imagina que tu primera declaración poderosa del dinero es "Encuentro un trabajo que amo, fácilmente y sin esfuerzo".

Pero tienes dudas…

Entonces escribirías:

Encuentro un trabajo que amo, fácilmente y sin esfuerzo, **pero no creo realmente que pueda porque actualmente es muy difícil encontrar un trabajo en mi ciudad.**

o

Encuentro un trabajo que amo, fácilmente y sin esfuerzo, **pero no puedo porque soy demasiado mayor y ya no contratan a personas con esas edades.**

No hace falta que vuelvas a escribir toda la declaración, sólo las dudas que tengas y sino déjalo en blanco, pero no caigas en la trampa de tu mente. Ella quiere saltarse los ejercicios, es lo cómodo, seguro que dudas en todas o en casi todas, de otro modo ya tendrías mucho dinero.

DUDAS DE LAS 5 DECLARACIONES PODEROSAS DEL ÁREA DEL DINERO:

1-

2-

3-

4-

5-

DUDAS DE LAS 5 DECLARACIONES PODEROSAS "EXTRAS QUE TE REGALÉ" DEL ÁREA DEL DINERO:

1-

2-

3-

4-

5-

DUDAS DE LAS 5 DECLARACIONES PODEROSAS DEL ÁREA DE _____:

1-

2-

3-

4-

5-

DUDAS DE LAS 5 DECLARACIONES PODEROSAS DEL ÁREA DE _____:

1-

2-

3-

4-

5-

DUDAS DE LAS 5 DECLARACIONES PODEROSAS DEL ÁREA DE _____:

1-

2-

3-

4-

5-

DUDAS DE LAS 5 DECLARACIONES PODEROSAS DEL ÁREA DE _____:

1-

2-

3-

4-

5-

> Lo que quiero transmitirte es que las posibilidades del Universo son infinitas y que siempre existe una posibilidad para tu sueño. Entre infinitas posibilidades siempre hay al menos una que coincide con la tuya ¿no crees?
>
> Pero lo más importante que quiero que entiendas es que las leyes son exactas, y que una vez hayas plantado una idea en tu mente subconsciente, éste tiene que reproducir eso en el exterior. No es porque yo lo diga, es porque las leyes del Universo así lo dictan, y tu fisiología obedece a esas leyes.
>
> Por lo tanto, no importa lo alocada que parezca tu idea o lo imposible que resulte tu deseo; si entra en tu mente entra en tu mundo.

Muy bien, ahora, vayamos a destruir cada una de esas dudas. Vamos a sacar los "palitos" que impiden que las "bolas" de tu deseo lleguen a tu vida aquí y ahora.

La FÓRMULA DE LA PERMISIÓN tiene 3 PASOS:

1) Pregúntate si hay alguien, en el presente o en el pasado, que haga lo que tú quieres o tenga lo que tú quieres tener.

2) Si es así, ¿cuánta gente lo hace aquí y ahora? ¿Y ayer? ¿Y la semana pasada? ¿Y el último mes? ¿Y el año pasado?

3) Escribe entonces una afirmación con toda esta información que sea algo así como: "Es posible porque…(tal persona y esta otra y esta otra lo están haciendo ahora, esta otra persona lo hizo la semana pasada, esta otra el mes pasado, y ésta, ésta y ésta lo hicieron hace muchos años" o puedes poner también "En la actualidad hay cientos de personas que (describe tu duda, por ejemplo, con cincuenta años) les contratan para un trabajo que aman y están bien remunerados". Asegúrate de que las afirmaciones son reales para ti y plausibles. Al leerlas no debes manifestar ninguna duda.

Entonces, esto es lo que haremos. Ahora vamos a crear tu DECLARACIÓN DE PERMISO.

PRIMER PASO: REVELAR LAS DUDAS

Relee tus DECLARACIONES PODEROSAS y tu DECLARACIÓN DE MANIFESTACIÓN y utilízala para revelar las dudas que salgan durante su lectura. Por ejemplo, si tu declaración dice que "El dinero llega a ti fácilmente y sin esfuerzo" y escuchas una vocecita en tu cabeza diciéndote "eso no es verdad porque… (y lo que te diga)", entonces anota tu duda.

Esto es lo que acabamos de hacer con las declaraciones poderosas, ahora iremos a por tu DECLARACIÓN DE MANIFESTACIÓN…

Escribe ahora tu **DECLARACIÓN DE MANIFESTACIÓN**:

Estoy en proceso de atraer todo lo que necesito hacer, saber o tener para lograr mi estado deseado.

_____
_____
_____
_____
_____
_____
_____
_____
_____
_____
_____
_____
_____
_____

_____
_____
_____
_____
_____
_____

El principio del Mentalismo y la Ley de la Atracción están revelando y orquestando todo lo que necesito que ocurra, creando todas las coincidencias y sincronicidades para ver mis Deseos Manifestados.

Observa cualquier duda que manifiestes en alguna parte y re-escríbela seguida de un "pero":

_____
_____
_____
_____
_____
_____
_____
_____
_____
_____
_____

SEGUNDO PASO: CUESTIONAR LAS DUDAS

Haz lo siguiente:

1) Pregúntate si hay alguien, en el presente o en el pasado, que haga lo que tú quieres o tenga lo que tú quieres tener.

2) Si es así, ¿cuánta gente lo hace aquí y ahora? ¿Y ayer? ¿Y la semana pasada? ¿Y el último mes? ¿Y el año pasado?

DUDAS DE LAS 5 DECLARACIONES PODEROSAS DEL ÁREA DEL DINERO (coincidiendo con la lista que hiciste anteriormente, escribe ahora en cada una de ellas contestando estas preguntas):

1-

2-

3-

4-

5-

DUDAS DE LAS 5 DECLARACIONES PODEROSAS "EXTRAS QUE TE REGALÉ" DEL ÁREA DEL DINERO (coincidiendo con la lista que hiciste anteriormente, escribe ahora en cada una de ellas contestando estas preguntas):

1-

2-

3-

4-

5-

DUDAS DE LAS 5 DECLARACIONES PODEROSAS DEL ÁREA DE
_____ (coincidiendo con la lista que hiciste anteriormente, escribe ahora en cada una de ellas contestando estas preguntas):

1-

2-

3-

4-

5-

DUDAS DE LAS 5 DECLARACIONES PODEROSAS DEL ÁREA DE
_____ (coincidiendo con la lista que hiciste anteriormente, escribe ahora en cada una de ellas contestando estas preguntas):

1-

2-

3-

4-

5-

DUDAS DE LAS 5 DECLARACIONES PODEROSAS DEL ÁREA DE
_____ (coincidiendo con la lista que hiciste anteriormente, escribe ahora en cada una de ellas contestando estas preguntas):

1-

2-

3-

4-

5-

DUDAS DE LAS 5 DECLARACIONES PODEROSAS DEL ÁREA DE
_____ (coincidiendo con la lista que hiciste anteriormente, escribe ahora en cada una de ellas contestando estas preguntas):

1-

2-

3-

4-

5-

Haz lo mismo con tu DECLARACIÓN DE MANIFESTACIÓN:

_____
_____
_____
_____
_____
_____
_____
_____
_____

TERCER PASO: REDACTA TU DECLARACIÓN EN TERCERA PERSONA

Lo hacemos en tercera persona porque si te refieres a ti puedes generar más dudas. Quedara como "En la actualidad hay miles de personas que…" o "Es posible porque…".

_____
_____
_____
_____
_____
_____
_____
_____
_____
_____

Recuerda que hay dos formas de saber si estás permitiendo la creación:

1) Te sientes aliviado.

2) Ves evidencias de cómo se manifiesta tu deseo en tu vida.

> Si tus células cambian cada siete años, significa que no importa la vibración que emites ahora y las situaciones que esa vibración haya creado en tu vida. Tú puedes cambiar la frecuencia, y no sucederá de golpe, sino paulatinamente, pero tu cambio empieza HOY.

Para hablarte de la segunda herramienta, el TAPPING, dirígete a la web:

www.atraerdineroonline.com

Allí te colgaré un video de como hacer la técnica de TAPPING para que desbloquees esos patrones subconsciente que manifiestan dudas sobre tu abundancia.

Recuerda siempre que puedes ser guiado en el proceso con una sesión privada.

PARTE DOS: RECONOCER Y CELEBRAR LAS EVIDENCIAS

> **Cualquier cambio en el matiz de los decorados de tu mundo, es una evidencia de que lo que estás haciendo funciona.**

Escribe al final del día todas las evidencias que hayas tenido, y luego reléelas una a una, y da las gracias mientras que imaginas cómo te acercas a tu deseo. Siéntelo de verdad en tu corazón.

Empieza ahora por escribir las evidencias que hayas podido observar ya en tu mundo, desde que iniciaste la lectura y estudio de este libro.

Si has hecho todos los ejercicios, las has tenido seguro, pero si no las ves, sencillamente es porque no las estás buscando. Piensa, observa tu mundo y escribe ahora algunas de las posibles evidencias que te indiquen que vas por buen camino en cuanto a atraer dinero se refiere:

Evidencia 1:
_____

Evidencia 2:
_____

Evidencia 3:
_____

¿Tienes más?

Escríbelas:

_____
_____
_____
_____
_____
_____
_____
_____
_____

Ahora, esto debes hacerlo diariamente. Ten presente que el éxito es una maratón no un sprint, por lo tanto, debes tener hábitos que te lleven a lograrlo.

Me imagino que ya tendrás agenda.

Es el momento de agendar al final de tu día, a qué hora buscarás las evidencias y las apuntarás.

Hazlo ahora.

Agenda la próxima semana de "evidencias".

> **DURANTE EL PROCESO DE CREACIÓN, DEBES PERCIBIR CUALQUIER CAMBIO EN TU VIDA COMO ALGO POSITIVO Y NECESARIO PARA QUE PUEDAS ALCANZAR TU DESEO.**

EL PASO FINAL: TU RUTINA DE ATRACCIÓN

Vamos a por un ejemplo de RUTINA DE ATRACCIÓN.

RUTINA DE ATRACCIÓN

-Al levantarse:

Meditación CÓMO ATRAER EL DINERO (con esencia) + leer y sentir la DECLARACIÓN DE MANIFESTACIÓN + vivir el PANEL VISIONARIO (recuerda 30 segundos por cada foto).

-Camino al trabajo: escuchar AUDIO DE MANIFESTACIÓN.

-10 am: veo VIDEO DE MANIFESTACIÓN en mi teléfono + las 3 preguntas de la presunción del deseo ya concedido.

Entre medias una ACCIÓN MASIVA, algo que te acerca a tu deseo.

-12 pm: leer DECLARACIONES PODEROSAS sintiéndolas y viviéndolas.

-14 pm: mirar PANEL VISIONARIO + las 3 preguntas de la presunción del deseo ya concedido.

-17 pm: leer DECLARACIÓN DE MANIFESTACIÓN sintiéndola como algo real.

-19 pm: hacer las 3 preguntas de la presunción del deseo ya concedido.

-Volviendo del trabajo: escuchar AUDIO DE MANIFESTACIÓN.

-22 pm: leer DECLARACIONES PODEROSAS.

-Antes de dormir:

Meditación CÓMO ATRAER EL DINERO (con esencia) + leer y sentir la DECLARACIÓN DE MANIFESTACIÓN + vivir el PANEL VISIONARIO (recuerda 30 segundos por cada foto).

***Constantemente utilizar la tecnología: fondo de pantalla del teléfono y del ordenador, aviso con alarmas en el teléfono con frases que me recuerden, etc.

***Los fines de semana: puedes hacer pintura o redacción de atracción; meditación; decir declaraciones en la playa con el agua fría del mar, etc.

AHORA, ES TU MOMENTO, ÉSTE ES EL PUNTO MÁS IMPORTANTE DE TODO EL PROCESO.

Vamos a crear tu RUTINA DE MANIFESTACIÓN:

(Vas a ver dos páginas, una es para que escribas un borrador, la mires y veas si te convence, y cuando esté lista, la re-escribes en el definitivo y la arrancas para llevarla contigo en la cartera o donde quieras, para recordar lo que tienes que hacer en cada momento del día).

RUTINA DE MANIFESTACIÓN

HORA: **ACTIVIDAD:**

Al despertarse:
Meditación CÓMO ATRAER EL DINERO (con esencia) + leer y sentir la DECLARACIÓN DE MANIFESTACIÓN + vivir el PANEL DEL VISIONARIO (recuerda, 30 segundos por cada foto).

Antes de dormir:
Meditación CÓMO ATRAER EL DINERO (con esencia) + leer y sentir la DECLARACIÓN DE MANIFESTACIÓN + vivir el PANEL DEL VISIONARIO (recuerda, 30 segundos por cada foto).

CÓMO ATRAER EL
DINERO
LAIN GARCÍA CALVO

RUTINA DE MANIFESTACIÓN

HORA:　　　**ACTIVIDAD:**

Al despertarse:
Meditación CÓMO ATRAER EL DINERO (con esencia) + leer y sentir la DECLARACIÓN DE MANIFESTACIÓN + vivir el PANEL DEL VISIONARIO (recuerda, 30 segundos por cada foto).

Antes de dormir:
Meditación CÓMO ATRAER EL DINERO (con esencia) + leer y sentir la DECLARACIÓN DE MANIFESTACIÓN + vivir el PANEL DEL VISIONARIO (recuerda, 30 seundos por cada foto).

CÓMO ATRAER EL
DINERO
LAIN GARCÍA CALVO

AYUDA A OTROS A ATRAER EL DINERO

PRIMERA ESTRATEGIA:

Piensa en alguien que tenga problemas de dinero, Y QUE VERDADERAMENTE NO PUEDA COMPRAR ESTE LIBRO. Digo verdaderamente porque muchas personas tienen dificultades para pagarlo, pero eso no significa que con esfuerzo no puedan. Si se lo regalas y les quitas el esfuerzo, esas personas no se enriquecerán. Pagar el precio del libro es romper el patrón de su mente, y ese es el primer paso hacia la riqueza.

Piensa en esa persona que quiere y realmente no puede. Porque conoces su situación y es cierto que de verdad no puede. ¿La tienes?

Escribe aquí su nombre:

_____

Regala un ejemplar de este libro a esa persona que no puede.

¿Lo hiciste?

SÍ

NO

Apunta con una "X" la respuesta.

SEGUNDA ESTRATEGIA:

¿Todavía sin grupo de co-creadores?

Ahora, piensa en tres persona que están pasando por desafíos económicos y que, con esfuerzo, podrían adquirir este libro. Escribe sus nombres:

1- _____

2- _____

3- _____

Ponte en contacto con ellos ahora.

¿Lo hiciste?

SÍ

NO

Apunta con una "X" la respuesta.

TERCERA ESTRATEGIA:

ASÓCIATE CONMIGO PARA CREAR RIQUEZA EN EL MUNDO

HAZTE EMBAJADOR PARA LA ABUNDANCIA

¿Quieres ASOCIARTE CONMIGO y ser EMBAJADOR PARA LA ABUNDANCIA?

Escribe ahora un correo a:

laingarciacalvo@gmail.com

MI MENSAJE FINAL PARA TI

Lee las dos historias y contesta a las siguientes preguntas:

¿CUÁNTO DESEAS ATRAER EL DINERO DE VERDAD?

¿QUÉ ESTÁS DISPUESTO A HACER PARA LOGRARLO?

> **Cada día, cuando te levantes de la cama, vas a tener que quemar los barcos porque los del día anterior ya no estarán, pero tu mente habrá colocado otros nuevos allí, y serán muy brillantes, muy apetecibles, a veces más aún que tu sueño y por eso estarás tentado a cogerlos...**

Te deseo muchos Éxitos, Abundancia y Bendiciones.

Recuerda que eres amado por el Universo, que desea darte su favor y que el mundo saldrá a tu encuentro cuando le des atención, energía y foco a tu deseo, ¡y a ti mismo!

Trátate con cariño y atención, entonces tu alma entrará en calor y desplegará sus alitas, para que juntos voléis alto, muy alto, al lugar donde te mereces.

Eres especial.

GRACIAS. GRACIAS. GRACIAS.

TE AMO.

Lain.

DECLARACIONES "EXTRAS" DE CÓMO ATRAER EL DINERO

Declaraciones del dinero y el éxito en los negocios

- Compito en el juego del dinero sólo para ganar. Mi intención es crear riqueza y abundancia.
- Admiro y modelo a la gente rica y exitosa.
- Yo soy el creador de mi vida y de mi éxito financiero.
- Creo que el dinero es importante, el dinero es sinónimo de libertad y el dinero hace la vida mucho más disfrutable.
- Estoy en proceso de hacerme rico haciendo lo que amo.
- Merezco ser rico porque agrego valor en la vida de otras personas.
- Siempre me pago a mi mismo primero.
- Soy generoso al dar y soy excelente al recibir.
- Estoy muy agradecido por todo el dinero que tengo ahora.
- Siempre encuentro oportunidades lucrativas.
- Mi capacidad para ganar, mantener y crecer mi dinero se agranda día a día.
- Soy un excelente administrador de (mi) dinero.
- Siempre me pago a mi mismo primero.
- Tengo suficientes ingresos pasivos para pagar el estilo de vida que deseo.
- Estoy en proceso de ser financieramente libre. Trabajo porque quiero no porque lo necesito.
- Mi dinero trabaja duro para mí, creando más y más dinero.
- Parte de mi trabajo es manejar e invertir mi dinero creando diferentes fuentes de ingreso pasivo.
- Soy un imán para el dinero. Soy un imán con el dinero.
- La riqueza y éxito económico se me dan fácilmente y sin esfuerzo.

- Estoy en proceso de convertirme en una excelente persona de negocios.
- Mis ingresos mensuales pasivos exceden cuatro veces mis gastos mensuales
- Mi capacidad para ganar, mantener y crecer mi dinero se agranda día a día.
- Estoy en proceso de generar negocios con los que gano decenas de miles de dólares cada mes mientras disfruto de lo que hago.
- Gracias a mi situación financiera hago lo que quiero, cuando quiero, con quien quiero, todas las veces que quiero.
- Mi persistencia, inteligencia y foco hacen que implemente rápidamente nuevas ideas que generan grandes resultados para mis negocios y Mi Vida.
- Tengo todos las características, herramientas y recursos para ser Multimillonario.
- Estoy en proceso de convertirme en un gran administrador de mi dinero.

Declaraciones para el crecimiento personal

- Tengo TOTAL y COMPLETO CONTROL sobre lo que Hago con mi Tiempo cada Día.
- Todos los días de todas las formas, mejoro más y más.
- Amo y soy amado.
- Estoy Alegre, Sano, Lleno de Energía y Vitalidad para Disfrutar con Máxima Intensidad cada Segundo de mi Día.
- Doy siempre el 100% de mi.
- Mi mente está abierta a nuevos conocimientos.
- Viajo por el mundo con frecuencia conociendo lugares nuevos y fascinantes.
- Tengo TOTAL y COMPLETO CONTROL sobre lo que Hago con mi Tiempo cada Día.
- Estoy Inmensamente Alegre, Lleno de Energía y Vitalidad para Disfrutar con Máxima Intensidad cada Segundo de mi Día.

- Siento una Enorme gratitud por toda la abundancia que fluye constantemente hacia mi.
- Mi Intuición está muy desarrollada y me ayuda a tomar decisiones acertadas cada vez.
- Enfrento los desafíos con seguridad y optimismo.
- Soy un canal abierto para las ideas creativas.
- Cada día, Todos los Días, Soy una Persona Mejor y Mejor.
- Me siento lleno de energía y vitalidad.
- Elijo disfrutar la vida al máximo.
- Tengo todo lo que necesito para conseguir todo lo que quiero.
- Soy un imán de oportunidades para triunfar.
- Me regocija saber que soy la única persona responsable de que el amor y la paz habiten en mi corazón
- Yo tomo mis propias decisiones.
- Yo estoy en control de mis emociones.

Declaraciones para las relaciones personales y el amor

- Dispongo de mucho tiempo libre para compartir momentos maravillosos con mi familia y seres queridos.
- Puedo Elijar las Personas con las que QUIERO Compartir mi Tiempo
- Amo ayudar cada día a más personas a alcanzar sus objetivos y desarrollarse.
- Mi relación de pareja se hace cada vez más fuerte y armónica.
- Cultivo Nuevas Amistades en donde quiera que voy y mantengo excelentes relaciónes con mis amigos.
- El universo está lleno de amor y belleza, yo soy parte de este universo, estoy lleno de amor.
- La Relación con mi Pareja es llena de Amor, Pasión y Diversión.
- Abro las puertas de mi corazón para que entre el amor de mi vida.
- Doy y recibo amor alegre y fácilmente.

- La paz y el amor guían todas mis acciones y mis palabras.
- Soy una persona completamente amada y querida.
- Entre más amo, más amor regresa a mi vida multiplicado.

Declaraciones para el cuerpo, la salud, los niveles de energía y vitalidad

- Tengo abundante energía, vitalidad y bienestar.
- Mi cuerpo es un organismo balanceado y trabaja en armonía perfecta.
- Estoy perfectamente sano física y mentalmente.
- Hoy elijo la felicidad, la salud y la integridad.
- Tengo un Cuerpo Delgado y Sano con Músculos Fuertes y Marcados gracias a Seguir Diariamente la Dieta y Ejercicios ideales para mi.
- Estoy en proceso de tener un cuerpo saludable gracias a mi dieta y ejercicios.
- Tengo toda la energía que necesito lograr mis metas y satisfacer mis deseos.
- Mi salud se expande (crece) día a día.
- Me siento cada día mejor y mejor.
- Soy vital y tengo mucha energía.
- Elijo desarrollar sólo actividades que contribuyan a la fortaleza de mi cuerpo.

Sigámonos en las REDES SOCIALES:

¿Puedo pedirte un inmenso favor?

Si te ha gustado el libro, ¿podrías dejarme un comentario en AMAZON?

Principales opiniones de clientes

★★★★★ **Una de las mejores cosas que me han podido ocurrir en la vida, leer, estudiar y practicar con este libro.**
Por Vicente en 12 de julio de 2016

Sin duda alguna, es de lo mejor que he leído y más me está ayudando a cambiar mi vida.
A pesar de la complejidad que tiene el tema, su autor lo ha escrito de una manera sencilla y abierta a cualquier mente.
Es muy eficaz y los resultados son proporcionales a la práctica realizada. Lo único que siento es que este libro no estaba publicado hace 30 años.

Comentario   A 2 personas les ha parecido esto útil. ¿Esta opinión te ha parecido útil? Si No Informar de un abuso

★★★★★ **EL MEJOR LIBRO DE METAFÍSICA QUE HE LEÍDO, el más sencillo de leer y el que más empodera**
Por RUT NIEVES en 12 de julio de 2016

LA VOZ DE TU ALMA es el libro que me acompañó en mi despertar espiritual y en el proceso de transformación más grande que he vivido. En él su Autor, Lain Garcia Calvo explica las Leyes Universales, cuyo conocimiento, inevitablemente cambiará tu forma de ver la vida y consecuentemente transformará tu vida. Es un libro lleno de amor y de sabiduría que te empodera. Te lleva a tomar acción, para poder vivir la vida que tu corazón anhela. Creo sinceramente que todo el mundo debería leer este libro, porque es un regalo para el alma que tiene el poder de transformar tu vida. Con gratitud infinita.
Rut Nieves
Autora del Bestseller CREE EN TI

Comentario   A una persona le ha parecido esto útil. ¿Esta opinión te ha parecido útil? Si No Informar de un abuso

★★★★★ **El libro que transformó mi vida**
Por Cliente Amazon en 12 de julio de 2016

La voz de tu alma es sin duda el mejor libro de crecimiento personal que he tenido en mis manos, te aporta conocimiento, ayuda a despertar y conectar con tu alma de una forma muy fácil y rápida. Es una gran herramienta de trabajo, todo el mundo debería leerlo.

Comentario   A 2 personas les ha parecido esto útil. ¿Esta opinión te ha parecido útil? Si No Informar de un abuso

★★★★★ **ESPECTACULAR**
Por Cristina Saavedra en 13 de julio de 2016

La voz de tu alma es el libro que todo el mundo debe de tener como diario principal en su vida. Te apasiona, te impulsa y te hace entender que todo está dentro de uno mismo.
Nunca paro de leerlo, es como un amigo de viaje. En el puedes encontrar la guía perfecta para transitar con unas lentes más optimistas en el sendero de la vida.
Con él creces inevitablemente, capta toda tu atención desde el primer momento elevando tu máxima confianza y poder en ti mismo.
La voz de tu alma te ayuda hacer de tus sueños una fascinante realidad. ¡¡¡Compra el tuyo, te lo mereces tener!!!
Infinitas Gracias Lain Garcia Calvo por este maravilloso tesoro.

Mi Propósito de vida es inspirar a las personas y ayudar en el proceso de transformación y cambio para que puedan tener una mejor calidad de vida.

Si deseas apoyar mi misión, sólo tienes que entrar en Amazon.es, buscar este libro y dejar tu opinión junto al número de estrellas que creas oportuno. Es muy fácil de hacer, pero me será de gran ayuda y a todas las personas que lo verán.

GRACIAS. GRACIAS. GRACIAS.

Made in the USA
Coppell, TX
25 September 2021